DISCOURS

Prononcé par **M. PION de HERSANT**

Chef d'Institution a Montrouge

LE 2 NOVEMBRE 1876

A l'occasion de la translation des restes de l'abbé STÉFANI, curé de Montrouge.

SE TROUVE CHEZ Mme POITEAUX
Rue de l'Église
ET CHEZ Mme MOURIN
Route d'Orléans.
A MONTROUGE.

PRIX : 50 CENT.

Le Discours prononcé par M. **PION de HERSANT** sur la tombe de M. l'abbé **STÉFANI**, se vend chez Mme **POITEAUX**, rue de l'Église, et chez Mme **MOURIN**, route d'Orléans, à Montrouge.

Paris, Typ. L. BIHAUX, 145 Avenue d'Orléans.

morts à Montrouge dans l'exercice de leur saint ministère.

DISCOURS

Prononcé par M. **PION de HERSANT**

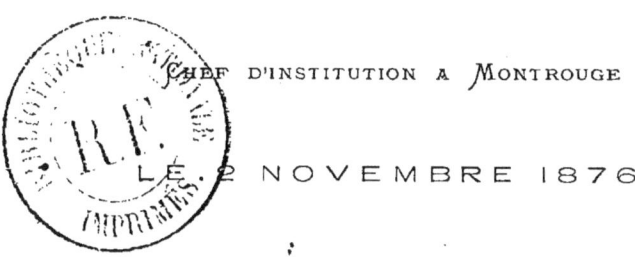

CHEF D'INSTITUTION A MONTROUGE

LE 2 NOVEMBRE 1876

A l'occasion de la translation des restes de l'abbé STÉFANI dans le caveau funéraire destiné, d'après ses dernières volontés, à recevoir la dépouille mortelle des prêtres morts à Montrouge dans l'exercice de leur saint ministère.

AVIS

Il serait superflu de décrire ici l'imposante cérémonie qui a eu lieu, le 2 Novembre, au Cimetière de cette paroisse. Tout Montrouge s'en souvient, tout le monde sait qu'il s'agissait de transférer les restes du saint prêtre que nous pleurons tous, ceux de son frère, l'ancien curé de Châtillon, et ceux de M. l'abbé Lange, ancien curé de Montrouge, dans le caveau où reposait déjà M. l'abbé Lejeune, aumônier des Dames de l'Intérieur de Marie.

A la suite de la cérémonie religieuse, après un discours remarquable prononcé par M. Sassère au nom de la Fabrique, dont il est le Trésorier, et dans lequel, avec une éloquence émue, il a rendu un éclatant hommage à la vertu et aux bonnes œuvres de celui dont il fut l'ami et le confident, j'ai eu la consolation de prononcer à mon tour quelques mots d'adieu. Un certain nombre de personnes m'en ayant demandé la reproduction écrite, j'en ai fait imprimer quelques exemplaires.

Puisse cette publication raviver et entretenir dans tous les cœurs les sentiments de reconnaissance, de respect et de vénération dont ils sont animés pour notre bien aimé Pasteur.

Puisse son pieux et éminent successeur jouir à son tour, et pendant de longues années, de l'affectueuse sympathie dont les habitants de Montrouge aiment à entourer Ceux qui viennent, au nom de l'Évangile, exercer parmi eux un ministère de salut, de paix et de charité!

                                      Pion de Hersant.

Cher abbé Stéfani,

Maintenant qu'une dernière prière et une dernière bénédiction sont tombées sur la couche de pierre où doit dormir votre dépouille sacrée jusqu'au jour du réveil des Saints, une voix qui vous fut connue, que vous avez aimée, que vous avez bien souvent applaudie, vient en votre nom défier la mort, et jeter aux échos de son lugubre domaine le cri de ralliement des Chrétiens, le cri de votre cœur, un cri d'espérance !

Non, non, quoi qu'en dise une philosophie désolante qui, sous le nom menteur de *Progrès*, semble avoir pris à tâche de faire reculer l'humanité au-delà de l'état sauvage, non, la chasteté, la charité, l'abnégation, le patriotisme n'ont pas pour dernière fin la poussière éternelle du tombeau !

Consolez-vous, pauvres que le bon Pasteur a nourris, veuves qu'il a secourues, orphelins qu'il a vêtus, enfants qu'il a caressés, cœurs flétris qu'il a régénérés, consolez-vous : votre bienfaiteur n'est pas mort !... Seulement, il y a quelques mois, lorsqu'épuisé de dévouement et de fatigue, il s'est étendu sur le seul matelas que sa charité lui avait laissé, un ange s'est penché sur sa couche pour lui dire : « Tu as été chaste comme moi... Viens ! et il a répondu : « Me voici ! » Saint Vincent de Paul est venu à son tour, et il a murmuré à son oreille défaillante : « Je n'ai pas aimé les pauvres plus que toi !... « Viens ! une couronne pareille à la mienne t'attend ! » Et il est parti en nous léguant ses restes vénérés.

Ici, Messieurs, une réflexion s'empare de ma pensée, et j'éprouve le besoin de vous la communiquer. J'ai dit : *Restes vénérés*. Est-ce que cette expression n'est pas familière non-seulement aux croyants, mais encore aux incrédules, toutes les fois qu'il s'agit de rendre un dernier hommage à un être aimé et disparu ? Or, quel motif pourrait-on bien avoir de *vénérer* des restes qui ne seront bientôt plus qu'un amas de cendres, si l'on ne gardait dans les profondeurs de son âme, même sans l'avouer, la certitude qu'ils ont été la demeure d'une âme immortelle ?

Oui, Messieurs, le sentiment de l'immortalité est inscrit au cœur de l'homme en caractères ineffaçables, et tous les efforts du matérialisme viendront échouer sur la tombe de ceux que nous avons admirés et aimés.

Interrogez plutôt les pèlerins émus qui, pendant ces fêtes de la mort, se répandent par millions dans tous les cimetières du monde. Que vont-ils faire ? Regardez ; comptez, si vous le pouvez, les pleurs répandus, les lèvres frémissantes d'espoir et de prière, les genoux prosternés, les couronnes suspendues aux bras de la croix qui abrite la dernière demeure d'un père, d'une mère, d'une épouse adorée, d'un enfant chéri. Est-ce qu'on couronne le néant ? Est-ce qu'on s'agenouille avec respect sur la destruction ? Est-ce qu'on prie pour la poussière ? Non, non, ce qui se passe aujourd'hui d'un bout du monde à l'autre, n'est pas une cérémonie sentimentale, c'est un acte de foi de l'humanité tout entière. Oh ! vous qui hésitez à croire, laissez passer cette foule silencieuse et recueillie ; entrez à votre tour dans le champ du sommeil, inclinez-vous, regardez à la lumière de votre conscience, et vous lirez sur chaque pierre tombale encore humide, tracé par les larmes de l'espérance, ce mot sacré, ce mot consolateur : Immortalité !

Cher et vénéré pasteur, je sais bien qu'en parlant ainsi je suis votre interprète, que je réjouis votre cœur ; car vous êtes là, je le sens, votre âme généreuse plane au-dessus de nous, elle sourit à mes paroles, elle recueille les vœux, les regrets, les larmes, les prières de ceux qui m'écoutent, elle nous bénit encore ! !

Au revoir ! bon pasteur, au revoir ! Dormez votre doux sommeil entre votre frère bien-aimé, votre vénérable prédécesseur, et le doyen de la science et des vertus sacerdotales ; dormez jusqu'au jour où, j'en ai le ferme espoir, se manifestera à tous les regards, dans votre personne sacrée, la réalisation de cette promesse divine : « Ceux qui en auront instruit un grand nombre dans la justice, brilleront comme des étoiles pendant toutes les éternités ! »

Paris.— Imprimerie L. Bliaux, 45, Avenue d'Orléans.

Paris. — Typographie L. Bliaux, 45, Avenue d'Orléans.

www.ingramcontent.com/pod-product-compliance
Lightning Source LLC
Chambersburg PA
CBHW061620040426
42450CB00010B/2579